이아립 송북

earip songbook

이응 품은 미음

프시그

일러두기

-영화, 앨범은 《 》로 표시했습니다
-노래는 〈 〉로 표시했습니다
-가사 끝에 표시한 날짜와 지명은 작사/작곡이 시작된 날과 장소의 정보입니다

송북은 음악과 가사, 라이너노트를 함께 수록한 책입니다.
음악은 큐알 코드를 찍어 감상하실 수 있고 (한 곡 듣기, 전곡 듣기 포함)
라이너 노트는 음악과 함께 혹은 따로 감상하셔도 무방합니다.

프롤로그
또 새로운 계절 앞에 섰다　　　　　　　　　　　11

사소한 것들　　　　　　　　　　　　　　　　　15
small things

바람이 시를 쓴다　　　　　　　　　　　　　　21
read it as love

그때 길을 잃지 않았다면　　　　　　　　　　　37
scenes and scenery

책 만드는 음악가　　　　　　　　　　　　　　47
circle in a square

오키나와　　　　　　　　　　　　　　53
dear okinawa

셋, 넷,　　　　　　　　　　　　　　75
three, four,

우리로 만든 집　　　　　　　　　　85
srs

발등에 불　　　　　　　　　　　　　95
fire in the instep

에필로그
일부러 검정을 만드는 일　　　　　　107

나의 고향, 오키나와에게

© foreveryoungforeverblue

프롤로그

또 새로운 계절 앞에 섰다

내가 처음으로 A+를 받은 과목은 전공이 아니라 교양 과목이었다. 수업의 이름은 잘 기억나지 않지만 그것이 내 학창 시절 유일한 A+이었던 걸로 기억한다. 하늘이 유난히 높고 푸르던 9월의 어느 날이었다. 강의실에 들어오신 교수님의 첫마디는 "이야, 가을이다"였다. 그대로 한참을 창밖을 바라보시던 교수님의 시선을 따라 학생들도 일제히 창밖의 가을 풍경을 바라보았고 그때 교수님의 다음 말이 이어졌다.

"지금 일어나 가을 노래를 부르는 사람, 내가 이번 학기 A+ 준다.'

이 농담 같은 제안이 끝나기가 무섭게 나는 조금의 망설임도 없이 '저요' 하고 손을 번쩍 들었다. 수업 시간에는 있을 수도 없는, 혹시라도 질문을 받을까 발끝만 바라보던 수줍음 많은 학생이 씩씩하게 손을 든 것이다. 자신의 제안을 그냥 다 함께 웃어넘길 것이라 생각하셨는지 교수님은 조금 당황한 표정이었다. 늘 존재감 없이 뒷자리에 앉아 있던 애가 손을 들자 학우들도 조금 놀란 듯했다. '어머 쟤, 학점에 진심이네'라고 생각한 친구들도, 누군가 나서서 예상치 못한 문제를 해결한 것에 안도한 친구들도 있었을 것이다.

수줍음 많던 이가 어디서 그런 용기가 났을까 싶겠지만 그건 노래를 하고 싶었다기보다 노래가 흘러나왔다고 해야 맞을 것이다. 당시 나는 틈만 나면 이 노래를 흥얼거리며 다녔고 때마침 교수님이 제안하지 않았다면 조용한 수업 시간에 〈Killing me softly with his song〉을 흥얼거린 영화 《About a boy》의 마커스처럼 이 노래가 저절로 입에서 새어 나올 뻔했으니까. 마커스는 그 일로 친구들에게 따돌림을 받게 되었지만 현실의 나는 교수님의 마침맞은 구원(?)으로 그 순간을 모면할 수 있었다. 참, 이상한 이야기지. 이로 작가가 이야기한 서로가 서로를 구하는 이야기가 이런 것일까. 기가 막힌 타이밍에 곤란함에서 벗어난 나는 깃털처럼 가볍게

의자를 밀고 일어나 창밖을 바라보며 내 안의 노래, 이문세의 〈가을이 오면〉을 불렀다. 발표할 때는 기어들어 가던 목소리가 담담하고 차분하게 교실에 흘렀다.

'가을이 오면, 눈부신 아침 햇살에…'

노래가 끝나자 속닥거림이나 야유 대신 박수가 울렸고, 교수님은 금방이라도 부서질 듯한 낙엽 같은 미소를 지어 보였다. 돌고 돌아 가을이 온 것을 모두가 환영하는 느낌이었다. 계절의 떠남도, 마침내 다시 돌아옴도 이렇게 축하받을 일이 아닐까 싶었다. 가을을 맞이한 내 마음은 매 순간 노래를 흥얼거리고 다닐 만큼 기뻤으니까. 교수님도 나와 같은 마음이 아니었을까. 재밌는 사실은 다른 곳에 정신이 팔려 학업에는 조금도 관심이 없던 내가 그 교양 과목의 리포트는 지금껏 써본 리포트 중 가장 열심히 그리고 성실하게 써냈다는 사실이다. A+에 어울릴 만큼.

그날의 농담 같은 제안이 불러온 농담 같은 성실함을 지금도 가끔씩 떠올린다. 그때의 성실함은 좋아하는 것이 이끈 책임감이었을까. 아니면 곤궁한 나를 구해 준 교수님에 대한 작은 보답이었을까. 그렇게 그 시절 좋아했던 노래 〈가을이 오면〉은 나에게 처음이자 마지막 A+를 선물해 준 노래가 되었다.

또 새로운 계절 앞에 섰다. 이 계절에는 좋아하는 것을 따라 마냥 걸어보는 건 어떨까. 분명한 것은 무언가를 좋아하는 마음은 나를 어딘가로 데려다준다는 것이다. 좋아하는 노래가 나를 생각지도 못한 곳으로 이끈 것처럼. 그것이 나를 어디로 데려갈지, 그곳에서 나와 비슷한 누군가를 만나게 할지, 거기에 어떤 우연한 구원을 숨겨놓고 있을지 모르지만 그런대로 여행이기를, 그런대로 새로운 계절이기를. 더불어 지금 여행을 하고 있는 누군가에게 송북이 다정한 한 폭의 경치가 된다면 더없이 기쁠 것 같다.

_ 그날 강의실에서 노래를 부르며 보았던 창밖의 가을을 오래 잊지 못하는 이로부터

사소한 것들

liner note
이토록 사소한 구원

track 1 >>
small things

사소한 것들

small things

Little birds, sunshine, small things, breeze,

pray for you, sunset, okinawa, dear, foreverblue, blue,

falling snow, tree, leaf, walking, coffee and table and record,

misty, poetic, moonlight, sing-along, pool…

-

2024. 2. 4. 세검정로

이토록 사소한 구원

수영을 가기 위해 새벽에 일어나 블라인드를 걷는데 하늘이 캄캄하다. 마치 내 마음처럼. 며칠 전까지만 해도 그 사이로 파란 하늘이 아침 인사를 건넸는데 오늘은 아직 밤의 시간이라 말하듯 주위가 컴컴하다. 마음도 이와 같은 날이 있다. 꿈의 시간을 건너와도 개이지 않는 흐린 아침처럼 어둑어둑한. 어떤 이유로 내 안의 조명이 꺼졌을 때 그리고 무엇으로도 꺼진 불을 밝힐 수 없을 때 나는 나를 둘러싸고 있는 사소한 것들을 하나씩 떠올려 본다. 건조대 위에 마른 빨래들, 텀블러 속의 따뜻한 우엉차, 새로 산 수영 모자, 어디선가 날아와 차 문손잡이에 꽂힌 낙엽 하나 같은 것들을.

찻물이 끓는 소리, 작은 새들의 지저귐, 나뭇잎 사이로 흔들리는 햇살, 우연히 올려다본 하늘의 노을, 빵 모양의 구름, 이슬을 품은 초록 잎들, 오키나와의 갸르릉 소리, 엄마가 코팅해 준 색이 노랗게 바랜 네잎클로버, 체리 향 립밤,

단정한 아침의 기도, 영혼의 모습일까 싶게 피어오르는 향의 연기, 그 고요함 속에 잠시 머무는 일, 매일 아침의 수영장, 잔잔한 물을 가르며 앞으로 나아가는 일, 테라로사, 밤 같은 아침의 커피, 좋아하는 책들의 책등을 쓰다듬는 일, 오월의 신록, 어디든 닿고 싶은 여름밤, 보고 싶은 친구들의 온기가 머무르던 꿈결, 처서의 하늘과 구름, 산책, 햇살 아래 잠든 길고양이, 매일 다른 얼굴의 북한산, 계절의 그라데이션, '우리는 우리의 정원을 가꾸어야 해요' by 볼테르, 한강의 풍경, 일렁이는 윤슬, 귀를 기울이면 들리는 작은 빗소리, 친구가 보낸 안부 톡 하나, 어린아이같이 웃는 어른들, 다 같이 노래를 부르는 일, 펑펑 내리는 눈, 울고 싶은 날 엉엉 우는 일, 웃고 싶은 날 마음껏 웃는 일, 좋아하는 노트에 이런저런 시시콜콜한 하루를 기록하는 일 등등.

피아노 음 사이로 나를 구해 주던 다정한 단어들을 나열해 보았다. 내 안의 어둠에 갇힐 때마다 마음의 조명을 '딸깍' 하고 켜 주었던 사소한 것들. 등등 속에 생략된 단어들까지 모두 나열했다는 노래를 부르다가 잠들었을지도 모르겠다.

무언가에 가로막혀 어디에서부터 잘못됐는지 도무지 알 수 없을 때 나를 구했던 것은 위대한 솔로몬의 지혜가 아니라 대개 작고 사소한 것들이었다. 주위에서 흔하게 볼 수 있어 '사소한'이라고 뭉뚱그렸지만 실상은 우연한 순간에 만난 위대함의 또 다른 얼굴이었다. 늘 그 자리에서 너는 안전하다고, 네 일상은 제법 단단하다고 말해주는 것들. 이 어마어마하게 커다란, 사소한 것들에 대한 경외심으로, 그렇게 빚진 마음에 대한 감사함으로 송북이 시작되었다. 내가 만난 이토록 사소한 구원이 모두의 하루에 무사히 도착하길 바라며.

그 곁에서 오래오래 사소해지고 싶다.

바람이 시를 쓴다

liner note
오늘도 비틀비틀 흔들린다

track 2 >>
read it as love

바람이 시를 쓴다

read it as love

바람이 시를 쓴다
밤이 춤춘다
들이 시를 쓴다
풀이 눕는다

무명이 시를 쓴다
별을 밝힌다
광장이 시를 쓴다
시절이 된다

사랑이라 읽는다
다정이라 부른다
앙상한 가지 위로
바람이 분다

파도가 시를 쓴다
삼켜 버린다
이별이 시를 쓴다
생이 듣는다

할미가 시를 쓴다
봄이 깃든다
경계가 시를 쓴다
꽃이 핀다

사랑이라 읽는다
다정이라 부른다
누군가의 기도 위로
새벽이 온다

-
2024. 5. 14. 토정토

오늘도 비틀비틀 흔들린다

노래를 만들면서 가장 먼저 떠올린 것이 왜 바람이었을까. 이번 생의 삶의 무게도 가늠하기 힘든 이십 대, 전생 테스트를 받아 본 적이 있다. 나의 기억 속에 없는 시간, 전생에 내가 무엇이었는지 별로 궁금하지 않았지만, 친구들의 흥미로운 전생 이야기를 들으며 나의 전생도 조금 궁금해졌다. 알 수 없는 미래에 대해 물음표를 찍던 시절, 나는 전생 테스트에서 뜻밖의 대답을 듣고 말았다.

-당신은 전생에 바람이었네요.
-네? 바람......이요? 사람도 아니고 동물도 아니고 하다못해 식물도 아니고 바람......이라구요?
-네, 그 바람이요.

전생의 정체를 듣고 놀란 것도 잠시, 나의 뇌리에 스친 생각은 '아니, 이 사람이 그걸 어떻게 알았지?'였다. 그때 나는 스웨터라는 밴드에서 노래를 부르고 있었고, 잡지 인터뷰에서 '나를 키운 건 8할이 바람이다'라는 낯부끄러운 말을 얼굴 하나 붉히지 않고 하고 다녔던 시절이었으니까. '바람이 어디어서 시작되는지 알 수가 없어'라는 노래를 부르며, 누구보다 바람에 진심이었던 사람이었으니까. 그런 내게 전생에 너는 '바람'이었다고 하자, 한껏 신이 난 강아지처럼 꼬랑지를 흔들며 그 말을 덥석 물고 제일 좋아하는 장소에 가서 작은 구덩이 하나를 팠다. 그리고 그곳에 바람을 묻었다. 누군가 알아채 준 소중한 무언가를 오래 간직하고 싶은 마음으로. 듣고 싶은 말이라고 철석같이 믿는 순진함도 함께 넣어서. 그리고 그 사실을 까맣게 잊고 지냈다. 대개의 강아지가 그렇듯.

'밤이 쓸쓸하게 흔들린다'

열린 창문으로 고개를 빼꼼 내밀고 바람을 맞으며 집으로 가던 밤의 버스 안. 그 순간이 지친 하루의 유일한 비빌 언덕이었던 학창 시절이 있었다. 그때의 바람은 동경의 바람이었다. 나를 어디로든 데려다줄 것 같은 바람, 공부의 굴레를 벗겨 주는 바람, 애틋한 사람의 안부를 전해 주는 바람, 마음껏 꿈꿔도 더 더 가자고 부추기는 바람 앞에서 나는 늘 무장 해제되었다. 그렇게 틔운 숨으로 한없이 가난한 나를 잠시 잊을 수 있었던 시절이 있었다.

바람에 잘게 흔들리는 나뭇잎을 본다. 아마도 가장 좋아하는 장면 중 하나일 것이다. 어떤 날은 인사하듯, 어떤 날은 바람의 농담에 꺄르르 웃는 듯 흔들리는 나뭇잎을 보고 있으면 비로소 지금 이 순간에 존재하고 있다는 기분이 든다. 과거도 아니고 미래도 아닌 바로 지금 여기에. 가만한 풍경을 흔들어 이리저리 춤추게 만드는 바람에 나는 늘 미혹된다. 하늘 도화지에 구름으로 그림을 그리는 바람, 산책 중인 사람의 모자를 들어 올리는 바람, 벤치에 앉아 졸고 있는 누군가의 책장을 '팔랑' 넘기는 바람, 생일 초의 불을 제일 먼저 훅- 꺼트리는 장난꾸러기 바람과 함께 어디든 닿고 싶은 기분이 된다. 학창 시절의 밤의 버스 안에서처럼.

한번은 운동장에서 연을 날리는 아이를 본 적이 있었다. 연이 그리는 실루엣을 눈으로 좇다가 바람에게 얼굴이 있다면 저런 모습일까 생각했다. 바람은 눈에 보이는 실체가 없어 마음대로 상상을 더하는 것이 즐겁고, 규칙과는 거리가 먼 우연과 놀람의 영역이라는 것이 나에게는 해방감을 준다. 같은 이유로 좋아하게 된 문학이 있었고 문학과 닮은 바람에 나는 번번이 사로잡힌 포로가 된다. 이쯤에서 바람을 오래 좋아한 팔불출의 라떼를 늘어놓아 볼까.

'내가 말이야. 왕년에, 아니 전생에 바람이었다고. 엣헴'

자랑할 것 없는 현생에 자랑할 수 있는 유일한 전생이라니. 어디선가 비웃음 소리가 들리는데. 하지만 나는 바람과 함께 앞으로도 굳꿋하게 흔들리고 싶다. 지금까지 일생을 바람이 부는 대로 이리저리 흔들리면서 살아왔다고 자신 있게 말할 수 있다. 흔들리면서 살아왔다는 걸 자신 있게 말하는 건 또 뭐람. 방향만 잃지 않는다면 비틀비틀 흔들리며 나아가는 것도 괜찮은 일이라고. '스텝이 꼬이면 그게 바로 탱고

예요'라는 영화《여인의 향기》의 명대사처럼 흔들리고 엉키는 모든 것은 그런대로 리듬이 되고 그런대로 춤 같아서 근사하다고. 어제도 흔들렸고 오늘도 흔들리고 내일도 흔들릴 모든 것에 사랑과 응원을 듬뿍 담아 후- 입김을 불어 본다. 내 안의 바람을 꺼내.

오늘도 비틀비틀 흔들린다.
괜찮아, 그건 바람과 함께라는 의미니까.

흔들리는 건,

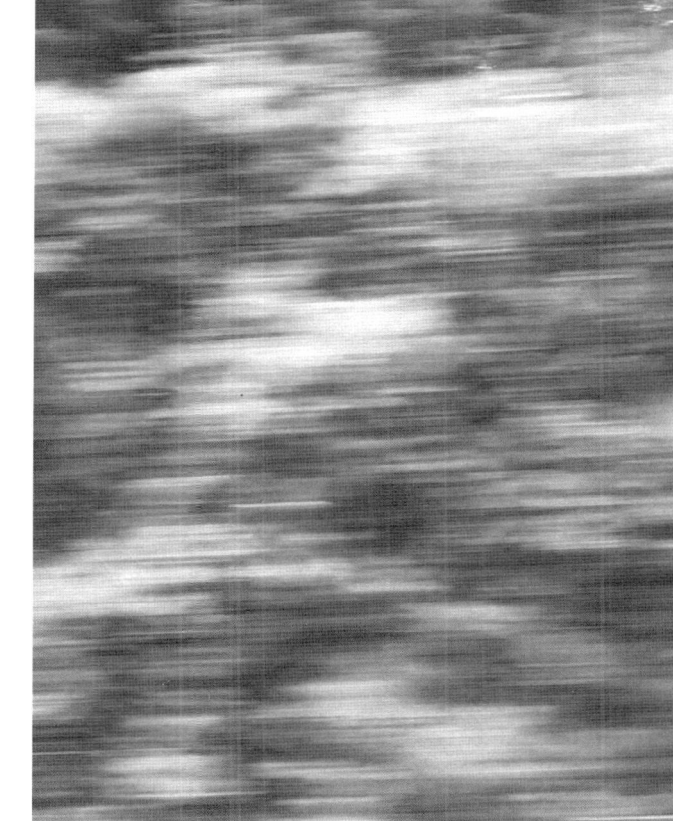

중심을 잡는 중이라는 것

그때 길을 잃지 않았다면

liner note
두 사람은 서로의 손그늘이 되었다

track 3 >>
scenes and scenery

그때 길을 잃지 않았다면

scenes and scenery

그때 길을 잃지 않았다면
그 풍경을 볼 수 있었을까
그 풍경 속에 머물던
널 만날 수 있었을까
알아볼 수 있었을까
한 번은

그때 조금 늦지 않았다면
그 장면을 볼 수 있었을까
나뭇잎 사이로 비친
햇살 속에 웃고 있던
너를 너를 놓쳤을까
아득히

알아,

생은 예정대로 흘러가지 않는 걸

영화 같은 순간들도

저기 숨겨 두었다는 걸

그때 다시 시작되기도 하는 걸

그때 길을 잃지 않았다면

푸르던 우리가 있었을까

-

2024. 4. 14. 마장호수둘레길

두 사람은 서로의 손그늘이 되었다

볕이 유난히 좋았던 어느 봄날, 밍기적거리다 평소보다 늦게 출발해 작업을 하러 카페로 가는 길이었다. 날이 조금 풀려서 좋아라 하면 다시 추위로 존재감을 드러내는 겨울의 인수인계가 지난하게 이어지는 초봄이었다.

저 멀리 비슷한 키를 가진 두 사람이 계단 위에 서 있는 것이 보였다. 나는 맞은편 인도에서 걷고 있었는데 왠지 그들에게 시선이 머물렀다. 그들과의 거리가 점차 가까워지며 자세히 보니 같은 학교 교복을 입은 두 소녀였다. 그들은 서로 다른 칸의 계단에 서 있었다. 아래쪽 계단에 서 있는 학생과 한 칸 위 계단에 서 있는 학생의 눈높이가 서로 맞았다. 멀리서 본 비슷한 키는 계단의 높이로 맞춘 키였던 것. 그들은 가까이에서 서로의 눈을 보고 이야기를 나누고 있었고 무슨 중요한 이야기인지 꽤 진지해 보였다. 스터디 카페가 있는 건물 앞이니 서로 일정이 달라서 헤어지는 인사를 나누는 중인 걸까, 아니면 중간고사 시험 범위 이야기를 나누는 중일까. 그런 상상을 하면서 걷고 있는데 갑자기 아래쪽 계단에 있던 친구가 위쪽 계단에 서 있는 친구의 이마에 손그늘을 만들어 주는 것이다. 햇살에 찌푸린 표정 위로 천천히 내려앉던 손그늘. '우와, 너무 귀엽잖아!' 속으로 외치자마자 위쪽에 서 있던 친구도 자신의 오른손을 올려 한 칸 아래 서 있던 친구의 이마 위로 손등을 넣어 주는 것이 아닌가. '와, 오늘은 이 풍경 하나로 되었다. 아니, 한 일주일은 행복할 것 같은데!' 하는 마음이 들었다. 서로 마주 보고 서 있던 두 소녀의 나란한 손그늘. 눈부신 햇살을 가리고자 자신의 이마에 손그늘을 만든 것이 아니라 서로의 이마에 손그늘이 되어 주는 것. 두 소녀 위로 내리쬐던 햇살이 무안할 만큼 다정하고 귀여운 풍경이었다. 난 걷는 속도를 늦추고 그들 옆을 슬로우를 걸어 천천히 지나며 마음속의 셔터를 찰칵, 찰칵 연사로 눌렀다. 볕은 너무나 좋고 곧 봄이고 두 사람은 서로의 손그늘이 되었다. 어떤 봄 풍경보다 오래오래 남을 장면이었다.

이런 다정한 장면으로 어떤 사람은 살아가기도 한다는 것. 그래서 너무 고맙다고 기회가 되면 인사하고 싶었다. 정작 두 사람은 그 순간을 잊을지 몰라도 누군가는 그 장면을 기억한다고. 더불어 우리는 언제든 하나의 풍경이 될 수 있다는 것을 기억하고 싶었다. 그렇게 1년에 한 번 볼까 말까 한 귀여운 장면이 탄생했다. 휴대폰 사진기는 꺼내지 않았다. 이건 25000개의 사진이 저장된 사진첩에 들어갈 장면이 아니었다. 카페에 도착하자마자 바로 노트를 꺼내 기록해 두었다. 속도가 나지 않던 지지부진한 작업에서 나를 구해 준 다정한 풍경을 오래 기억해야 했으니까. 이 손그늘이 앞으로도 여러 번 나를 삶의 땡볕에서 구할 테니까.

쓰다 보니 떠오른 나를 구한 풍경 하나 더.
어느 겨울 홍대. 눈이 그치고 녹고 다시 추워져 얼어버린 거리를 호들갑스럽게 걷고 있었다. 친구 집에 가던 길이었다. 눈인 줄 알고 힘차게 밟은 것은 꽁꽁 언 빙판이었고 그때 닥터 마틴 매장 앞에서 보기 좋게 미끄러질 뻔한 나를 구해 준 손이 있었다. 기세 좋게 미끄러지며 균형을 잃은 손이 허공을 몇 번 휘젓다 바닥으로 떨어지려던 찰나, 바로 뒤에서 난처한 내 손을 받아주던 따뜻한 손이 있었다. '앗, 감사합니다' 하고 반사적으로 전한 인사말과 함께 그저 가던 길을 묵묵히 가던 사람. 투수의 변화구를 받아낸 노련한 포수를 향해 '스트라이크!'를 외치고 싶었지만 정신을 가다듬고 보니 그는 이미 보이지 않았다. 누구였을까, 신이었을까. 미리 이 사건을 예견한 듯 적절한 위치에서 길 잃은 손을 잡아 주던 그 손의 온기를 나는 종종 떠올린다. 그때의 다정한 손이 아니었다면 크게 미끄러져 엉덩방아를 찧고 하루를 망쳐버렸을 것이다.

그렇게 조금씩 알게 된 것 같다. 하루는 이토록 우연한 순간에 구하거나 구해져 다시 시작되기도 한다는 것을. 계획한 대로 되지 않고 미끄러지더라도 인생에서 만나게 되는 어떤 풍경들은 우리를 구하기도 한다는 것을. 그런 뜻밖의 행운이 지루하게 반복되는 삶을 다시 반복할 용기를 준다는 것을. 오늘도 카페에서 진도가 나가지 않는 작업을 붙들고 쓴 커피를 들이켜는 내게 이런 질문이 피어오른다.

나는 어떤 풍경이 될 것인가.

우리는 누군가에게 어떤 풍경이 될 것인가.

책 만드는 음악가

liner note
그 사이쯤 어딘가에 노래가 흐를까

track 4 >>
circle in a square

책 만드는 음악가

circle in a square

2024. 9. 2. 테라로사 - 국립현대미술관

그 사이쯤 어딘가에 노래가 흐를까

이것은 책으로 만든 음악입니다.
이것은 책일까요
이것은 음악일까요
둘 다일까요
둘 다 아닐까요

나는 누구인가
책을 만드는 사람인가
음악을 만드는 사람인가
둘 다인가
둘 다 아닌가

타이핑을 하다가, 편집을 하다가, 멍을 때리다가, 가사를 썼다가, 마이크를 잡았다가, 기타를 잡았다가, 그림을 그렸다가, 디자인을 하는 나를 보며 물었다. '너 뭐 하는 사람이니?' 답을 찾은 날은 조금 쓸쓸해 하다 답을 찾지 못한 날은 조금 더 쓸쓸해 하다가.

의미 있다 의미 없다
의미 있다 의미 없다

그 사이쯤 어딘가에 우리가 있을까

네모난 사각의 책 안에
동그란 음악을 담아
문학이 닿고 싶었던 음악
음악이 닿고 싶었던 문학

그 사이쯤 어딘가에 노래가 흐를까

이 소리는
'미음' 속에 톡톡톡 써 내려간 '이응'들
ㅇ ㅇ ㅇ ㅇ ㅇ ㅇ ㅇ ㅇ ㅇ ㅇ ㅇ ㅇ ㅇ

오키나와

liner note
뽀 뽀 뽀

얼음과 땡의 시간

track 5 >>
dear okinawa

오키나와

dear okinawa

긴 터널 끝에 부르는 이름
참았던 숨을 내쉴 때
맨 처음 떠오르는 이름

긴 긴 꿈 속어 부르는 이름
험한 세상을 헤매다
맨 끝에 부르게 될 이름

그리워라 그리워
하고픈 말이 참 많아
우리 다시 만나는 날에
다 들려줄게

그리워라 그리워
듣고픈 말도 참 많아
우리 다시 만나는 날에
다 들어줄게
내 사랑

언젠가 내가 돌아갈 곳,
나의 고향,
오키나와

-
2024. 9. 14. 자하문 터널

뽀 뽀 뽀

매일 아침, 잠이 덕지덕지 묻은 눈으로 처음으로 만나는 얼굴이 있다. 십오 년째 동거 중인 반려묘 '나와'의 얼굴인데, 나와는 내 귀에 뽀뽀하듯 털북숭한 입을 바싹 붙이고 고막을 향해 피아니시모의 '이야옹'을 보낸다. 낮의 이야옹과도 밤의 이야옹과도 다른 소리다. 흥미로운 것은 이 영민한 울림이 잠든 나를 꿈에서 깨우는 것이 아니라 꿈으로 바로 도착한다는 사실인데.

예를 들면, 꿈에서 엄마랑 이야기를 나누고 있다고 하자. 대화 중 무언가를 묻는 나의 질문에 엄마가 '이야옹' 하고 대답하는 식이다. 혹은 가만히 꽃을 보고 있는데 그 꽃이 갑자기 '이야옹' 하고 인사를 건넨다거나. 그러면 나는 놀라서 '뭐… 뭐라고?' 허둥지둥하다가 꿈에서 깬다. 그렇게 '이야옹'은 영화 《인셉션》의 팽이처럼 꿈을 자각하는 시그널이 되었다. 이처럼 나와는 좋은 꿈 나쁜 꿈 가리지 않고 내 꿈에 들어올 수 있는 프리 패스를 쥐고서 매일 아침 비동의 알람 서비스 '이야옹'을 보내는 것이다.

이런 묘한 능력을 지닌 우리 집 둘째 '나와'는, 언젠가 나와 살게 될지 모르는 반려동물을 위해 이런 편지를 자신의 숨숨집 아래 준비해 두었을지도 모른다. '저 사람은요, 큰 소리에는 반응하지 않아요, 침대 밑이나 발밑에서 뛰어다니며 아무리 크게 울어도 일어나지 않고요, 오직 귓가에 입을 맞추고 보내는 작디작은 소리에만 깬답니다. 이상하지만 그래요. 오래 함께 살면서 제가 터득한 노하우랍니다. 그래도 일어나지 않을 땐 얼굴의 가장 약한 부분, 눈가를 핥아주세요. 세 번 이상 핥아 본 적이 없어요. 바로 일어납니다. "앗 따거..." 하면서요'

하루가 영화라면 이렇듯 첫 장면은 프레임을 가득 채운 '나와'의 얼굴이다. 내 꿈에 틈입한 '이야옹'을 통해서건 까끌까끌한 혓바닥 공격을 통해서건 이 아침의 루틴이 어디에 닿을지 모르는 하루의 기승전결을 털 송송히 무탈하게 지켜

주고 있다고 믿는다. 이토록 다정하고 귀여운 모닝콜을 앞으로 얼마나 더 받을 수 있을까. 끝을 생각하니 오늘이 더 애틋해 내 프레임에 가득찬 '나와'를 넘치게 끌어안는다. 신기한 것은 외박을 하는 날에도 '이야옹'은 환청이 되어 어김없이 꿈속으로 배달된다는 것이다. 친구의 방에서 깨어나든, 어느 도시의 호텔방에서 깨어나든.

책상 밑에서 '나와'가 간식을 요구하며 아침과 다른 '이야옹'을 보낸다. 간식을 먹고 나면 한 살 많은 형, '오키'와 '나와'의 낮잠 시간이다. 형제는 같은 자세로 서로에게 몸을 꼭 붙인 채 꿈속으로 들어간다. 나는 그들이 깨지 않도록 조용히 찻물을 올리거나 커피를 내려 마시며 살금살금 출판사 일을 한다. 서점에서 온 발주를 확인하고, 배본사에 발주를 넣고, 메일을 쓰고, 원고를 읽고, 다음 신간을 준비하면서 시간을 보낸다. 어찌 보면 서로의 낮과 밤은 다르지만 우리가 꿈을 꾸는 시간은 같은지도 모르겠다. 그리고 그들의 꿈이 한창 무르익기를 기다렸다가 곤히 잠든 오키나와의 귓가에 알람을 보낼 것이다.

'나만 (이 좋은 걸) 당할 순 없잖아.'

이것이 오키나와의 꿈속에 들어가는 프리 패스가 되길 바라며 털 송송한 귓가에 나의 '이야옹'을 피아니시모로 속삭일 것이다.

뽀뽀뽀.
(일어나 이 놈의 쉬키야,)

2022. 11.

팔불출 포스터 수정 발췌

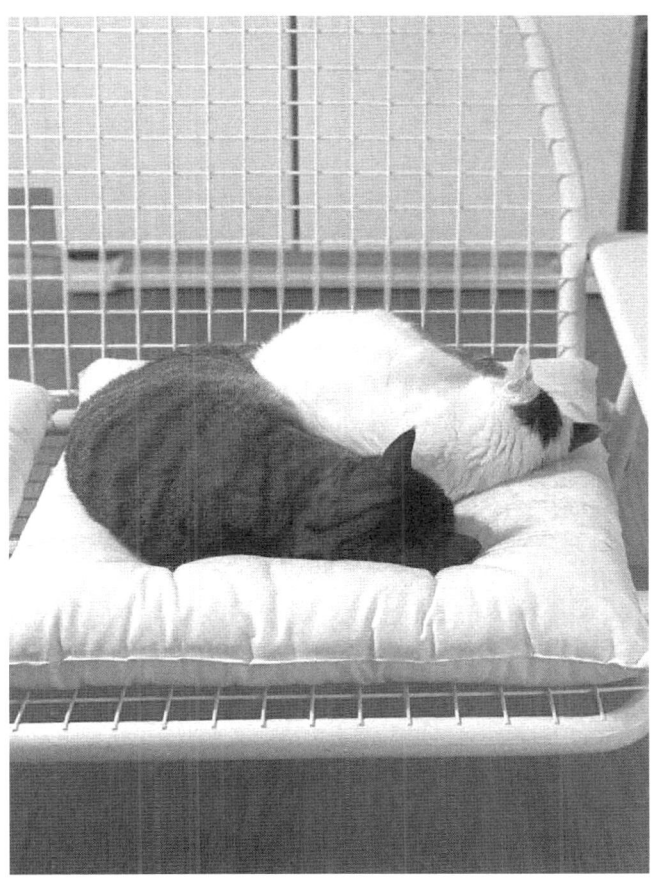

얼음과 땡의 시간

아버지는 어렸을 때부터 '동물은 안 된다' 하시며 집에서 반려동물을 키우는 것을 반대하셨다. 친구가 강아지를 우리 집에 잠시 맡겼을 때는 강아지와 함께 다락방으로 쫓겨났고, 데려올 수 있는 결정적인 기회가 몇 번 있었음에도 불구하고 아빠는 끝끝내 반려인이 되길 반려하셨다. 평소 자신의 의견을 강하게 주장하는 편이 아니신 데도 이 사안에 있어서는 단호함을 잃지 않으셨다. 이렇게 귀여운 존재와 나는 왜 가족이 될 수 없는가. 서러움 속에 단식 투쟁, 무응답 투쟁을 이어가도 달라지는 것은 없었다. 아버지가 반려동물을 반대하는 이유는 하나였다. '나는 집에서 동물 죽는 거 못 본다'였고 그때마다 나는 '왜 아빠는 죽는 것부터 생각해? 같이 살 생각부터 해야지' 하면서 떼를 썼다. 어린 내게 그 이유는 도무지 알 수 없는 세상의 것이었다.

성인이 되어 만난 친구들은 모두 고양이를 키우고 있었고 곁을 주지 않으면서도 곁에 맴도는 고양이의 매력에 나 역시 푹 빠지게 되었다. 그래서 첫 독립을 하자마자 첫째 오키를 데려 왔고, 1년 후 둘째 나와를 데리고 오면서 꿈에 그리던 반려인이 되었다. 오키, 나와는 그렇게 생애 첫 반려동물이 되었다. 만세 만세 독립 만세를 외칠 만큼 좋았다.

오키, 나와는 이름처럼 한 쌍 같은 친구들이었다. 오키는 2005년 3월 생, 나와는 2006년 6월 생으로 서로의 부모는 달랐지만 처음 만나는 순간부터 서로를 알아본 것처럼 오키는 나와를 자식처럼 살폈고 나와는 그런 오키를 부모처럼 따랐다. 오키는 나와의 부모, 형제, 연인이자 동시에 모든 것이었다. 친구들은 사이좋은 오키나와를 보며 나를 부러워했다. 사실 오키, 나와는 이들의 두 번째 이름이고, 첫 번째 이름은 세부와 발리였다. 당시 여행을 다녀왔던 세부와 발리의 기억이 너무 좋아 붙이게 된 이름이었다. 오키가 세부, 나와가 발리. 그러다 삼 년쯤 지난 어느 날, 오키나와를 다녀온 뒤 나는 세부와 발리를 앉혀 놓고 조심스럽게 물었다. "혹시 너네 이름 바꿔도 될까?" 그들은 갸우뚱한 표정을 지었지만 어딘가 환청처럼 오키의 대답을 들은 것도 같았다. '어차피 집사가 부르고 싶은 대로 부를 거잖아' 하고. 그 후 일 년간의 혼돈의 호명 기간을 거친 뒤 그들은 비로소 오키, 나와가 되었다. 개명이 쉽진 않았지만 그래도 잘했다고 생각하는 이유는 언제 어디에 있더라도 늘 함께였으면 하는 바람을 오키나와가 들어주었기 때문이다.

그런 오키나와가 이제 별이 되었다. 4년 전 겨울, 오키가 신부전 말기 판정을 받고 나와도 함께 2기 진단을 받은 후 처방 약과 수액으로 오랜 투병의 기간을 거쳐 나와가 재작년 11월에, 오키도 나와를 따라 작년 1월에 이곳을 떠났다. 우리는 처음의 기쁨과 슬픔을 함께했다. 처음 오키를 만나던 날, 일주일 내내 거실에서 울다 처음으로 울음을 그치고 함께 잠든 날, 처음 병원에 가던 날, 처음 눈을 맞았던 날, 오키와 나와가 처음 만나던 날, 처음 생쥐 낚싯대에 대롱대롱 매달렸던 날, 처음 벽을 타던 날, 처음으로 사고를 쳤던 날, 처음 발톱을 깎던 날, 첫 크리스마스, 첫 봄, 일곱 번째 가을도 열네 번째 겨울도 우리에겐 모두 처음, 처음이었다. 그리고 처음으로 내 품에서 나와가 별이 된 날, 가늠 수 없는 슬픔이 있다는 것을 처음 알게 된 날, 아버지가 그토록 반려동물을 반대했던 이유를 처음 깨달은 날, 나와가 떠난 집에서 처음 오키 혼자 잠이 든 날, 그리고 내일을 넘기기 힘들 거라는 진단을 받고 열흘을 더 버틴 오키가 나와를 만나러 처음 떠나던 날, 남겨진다는 것이 이렇게 쓸쓸한 일인지 처음 알게 된 날, 더 이상 오키나와가 없는 세상에서 처음 잠들던 날. 생의 처음부터 생의 끝까지 모두가 서로에게 처음이었던 우리들이었다.

오키나와를 차례로 보내고 한동안 '얼음'의 시간을 보냈다. 얼음땡 놀이에서 '얼음'을 외쳐 스스로 멈춘 것처럼, 어떤 슬픔도 그리움도 후회도 틈입할 수 없게 그냥 멈춘 느낌. 사람들은 술래에게 잡히지 않기 위해 전력으로 뛰어다니며 자신의 몫을 해나가고 있는데 나는 혼자 그 사이에 멈춰 서 있었다. 누군가 다가와 내 어깨를 툭 치며 '땡'을 외쳐야 풀리는 얼음의 세계에 갇혀버린 사람처럼.

매일 새벽 수영을 갈 때 지나는 터널이 하나 있다. 그 터널 끝에는 환한 아침의 빛과 푸른 나무들이 기다리고 있다. 나는 그때, 오키나와의 이름을 부른다. '안녕, 오키나와. 오늘은 날씨가 좋네' 때론 '오늘은 잔뜩 흐렸네, 보고 싶다, 내 사랑' 하는 인사도 붙여서. 친구는 나의 이런 루틴에 '정해진 슬픔'이란 이름을 붙여 주었다. 언젠가부터 오키나와는 터널 끝에 부르는 이름이 되었다. 모든 터널 끝에 오키나와가 있다면 어떤 어둠도 두렵지 않겠지. 정해진 슬픔은 얼음 속 세상에서 그런대로 평범하게 살아갈 수 있는 일과가 되었다.

추석 전날 밤, 전을 부쳐 따뜻할 때 전해주고 주고 간 친구의 온기를 떠올리며 나도 전을 한 번 부쳐볼까 생각했다. 고요한 밤, 전을 부치는 밤, 물기를 제거한 동태에 전분 가루를 묻히고 달걀 옷을 입혀 달군 프라이팬에 올리자 '치-익' 하고 포근한 소리가 났다. 고소한 냄새가 집안을 가득 채웠고. '그치, 이게 명절의 향이지' 싶어 괜히 다정한 기분이 되었다. 전을 부치며 주변 사람들을 생각했다. 올해도 내 주변 사람들이 모두 건강하고 평온하기를. 동그란 달을 보며 소원을 비는 것이 아닌 동그란 프라이팬을 보며 소원을 비는 일. 동태전을 부치는 동안 집안에 배인 고소한 냄새처럼 음식에 다정한 기도가 배였다. 어릴 적 친구들이 보름달 앞에서 소원을 빌 때, 나는 소원을 비는 친구들을 멀뚱히 바라보던 아이였다. 소원이 없어서, 소원을 몰라서 늘 불안했던 아이. 아, 소원이란 것은 사랑이구나, 사랑을 몰랐던 어린 시절에는 소원이 없는 아이가 아니라 사랑이 없는 아이여서 내내 불안했던 것이었다.

그런 아이가 커서 이제는 차고 넘치는 소원 부자 어른이 되었다. 이제는 지나가는 바람에도, 떨어지는 낙엽에도, 전을 부치면서도, 북한산에도, 터널 끝에 보이는 하늘에도, 구름에도 걸핏하면 소원을 비는 사람이 되었다. 결국 이런 사람이 된 것이 소원을 이룬 것만큼 기쁘다. 사랑을 모르던 나를 사랑으로 이끌어 준 것은 다름 아닌 주변에 사랑 넘치는 친구들과 나의 첫 식구 오키나와 덕분이었다. 내 소원이자, 소원의 이유인 존재들 덕분에 추석에 처음으로 전을 부치게 되었고, 전을 부치는 마음도 알게 되었다.

찬바람이 솔솔 불어오니 오키나와가 더 그립다. 봄의 햇살만큼이나 겨울의 온기를 좋아하던 형제들, 집안에 가장 아늑하고 따뜻한 곳을 귀신같이 찾아내 먼저 자리 잡고 있던 녀석들. 오키나와의 지혜가 필요한 계절이다. 얼음의 세상 속 '땡'이 되어 주던 나의 온기들. 떠나면서 영원이 있다는 것을 알게 해 준 영원히 이아립 차트 1위, 오키나와. 이제 죽음을 떠올리면 가장 먼저 오키나와 생각을 하게 된다. 그곳에 오키나와가 있으니 무엇도 두렵지 않다는 멋모르는 생각도 덧붙여. 그렇게 오키나와는 나의 고향이 되었다. 내가 집에 가면 만날 수 있는 고양이에서, 내가 돌아갈 고향으로.

셋, 넷,

liner note
노래는
이제 막 길을 떠날 참이었으니까

track 6 >>
three, four,

셋, 넷,

three, four,

사방이 고요한 밤에 작게 흘러나온 노래는
불안이 잠식해 버린 밤을 사라지게 했어

그게 언제나 등대가 되기를 바라
어떤 꿈이 기다린대도
이제 막
세계의 문이 열릴 참이었으니까

어디로 가는지 알 수는 없지만
좋은 날이기를
먼 길이 될지도 모르니까

–

어디에 닿을지 알 수가 없어서

다행인지 몰라,
뜻밖의 일들과 만날 테니까

그게 언제나 우정이 되기를 바라
어떤 끝이 기다린대도
이제 막
웃음이 피어오를 참이었으니까

노래는
이제 막 길을 떠날 참이었으니까

-
2024. 3. 28. 평창문화로

노래는 이제 막 길을 떠날 참이었으니까

쇼펜하우어는 인생의 처음 40년은 본문이고, 나머지 30년은 그에 따른 주석이라고 했다. 삼십 대에 이 문장을 접하고 왠지 모르게 안심했던 기억이 난다. 아직은 흐릿해서 알 수 없지만 천천히 안개가 걷히듯 생의 비밀을 깨닫게 되는구나, 중년에는. 그때가 되면 자신이 살아온 인생에 대해 주석을 달 수 있는 지혜까지 겸비하게 되는구나 하는 헛된 희망을 달고서. 하지만 중년이 되어도 삶은 여전히 해석되지 않고 알 수 없는 일들이 허다할 뿐 아니라, 하던 일을 멈추고 곱씹을 여유도 없이 다음으로 그다음으로 흘러가는 모양새로 여전히 인생의 기-승-전-결의 전-전-전-전을 전전하고 있을 뿐이다. 그저 어제 저지른 일을 오늘 수습하면서 근근이 사는 삶이라 이런저런 변명, 아니 해석을 쓸 수 있는 여유가 부족한 것은 물론이고 내가 지금 무엇을 하고 있는지 알 수 없을 때도 많았다. 남들보다 늦게 음악을 시작해 주변을 돌아볼 줄도 어떻게 멈추는 줄도 몰라 얼결에 꽤 오래 음악인으로 살다가, 몇 년 전 혈육의 원고를 재밌게 읽고 출판사를 만들어야겠다는 다짐을 하고 책을 만들며 살고 있는 내가 근근이 전전 중이란 증거가 아닐까. 언제쯤이면 이 기나긴 본문이 끝날까. 혹시 본문을 끝내고 싶지 않아 전전하고 있는 건 아닐까. 오늘도 전전할 뿐인 내 삶에 전진이란 언제 찾아오는가. 가로로 난 작은 선 하나만 지우면 되는 간단한 일 같은데 말이지.

그렇게 여전히 모르겠습니다의 삶을 지속 가능한 상태로 유지하며 책 만드는 음악인, 음악 하는 출판인으로 몇 년째 삶을 이어가고 있다. 운 좋게도 부캐의 세상이 도래하여 그나마 유지하고 있는지 모를 인생을 럭키하다 해야할지 비키하다 해야할지. 그렇지 물음표, 느낌표, 물음표, 느낌표를 돌려가며 찍는 와중에 올해 픽션들의 신간으로 나의 송북을 만들어야겠다고 생각했다. 인스타그램에서 언리미티드 에디션의 신청 마감이 1주일 남았다는 피드를 보고 물음표를 찍었던 마음은 신청서를 쓰면서 느낌표를 찍었다. 그리고 감사하게도 참가 확정이 되었지만 산 넘어 산이다. 기획한 이유도 캄캄

하고 시작은 더 깜깜하다. 그래도 언제나 그랬듯 헤쳐 나가 보는 것이다. 손끝에 힘을 주고, 마음에 등불을 밝히고 입속의 말을 꺼낸다. 하나, 둘, 셋, 넷, 시작의 시그널을 수없이 카운트다운하면서.

허나 새 책에 대한 결연한 다짐도 잠시 곧 불안이 시작되었다. 어느 밤, 걱정 어린 마음을 안고 침대에 누웠는데 아직도 헤매고 있는 나 자신이 너무나 한심하게 느껴졌다. 마음 그릇이 자격지심으로 가득차 유난히 출렁대는 밤. '오늘 나는 몇 줄의 글을 썼는가 / 그러고도 밥만 잘 먹더라' 이런 돌림노래가 머릿속 어딘가에서 재생되던 밤. 속 편하게 저녁에 후식까지 야무지게 챙겨 먹은 자신을 탓하고 있었다. 무엇을 써야 하는지, 왜 써야 하는지도 모르면서 책을 만들겠다고 하다니. 말풍선 여러 개에 반성과 질책, 질문과 오답을 띄워 놓고 그 무게에 짓눌려 침대 가장자리를 빙빙 맴돌며 잠 못 이루던 밤. 지푸라기라도 잡는 심정으로 뭐라도 해보자며 휴대폰의 녹음 앱을 켰다. 그리고 하나, 둘, 셋, 넷, 카운트다운과 함께 노래를 시작했다. 음악과 등을 진 출판인 5

년 차, 올해의 신간으로 무턱대고 자신의 책을 기획한 편집자의 성대에 노래란 것이 남아 있을까 하는 의심도 잠시, 어느새 빨간 녹음 버튼이 눌려졌고 어디선가 지푸라기 아니, 노래란 것이 흘러나왔다. 어디에서 나온 것일까. 창밖으로 지나가던 행인이 부른 것일까. 꿈속에 먼저 도착해 나를 기다리그 있는 내 무의식이 부른 것일까. 아무튼 노래의 시작은 이러했다.

노래를 부른다는 것만으로도 기쁜 밤이야
노래는 이제 막 길을 떠날 참이었으니까

우와(입틀막) 정말이지 노래이긴 했다. 아직 내 안에 남아 있는 느래가 있다는 것이 깜짝 놀랄 만큼 반가웠다. 어머나, 거기에 네가 있었구나. 내가 살피지 못했구나. 요술 램프 안에서 잠든 지니는 아니지만 뭐라도 깨웠구나 싶어 기뻤다. 원래 노래를 만들 땐 기타 반주 위에 멜로디를 붙여 만들곤 했는데 이렇게 콧안을 반주 삼아 선율을 만들어 보긴 처음이었다. 그렇게 불안으로 뒤척이던 밤은 이 열여섯 마디의 노래로 구원되었다. 나의 미래처럼 깜깜하던 밤, 휴대폰 불빛 하나에 기대어 기타 대신 불안을 반주 삼아 노래는 태어났다. 그날 이후 휴대폰 녹음기엔 무반주 노래가 차곡차곡 쌓여 갔다. 불안은 언제나 창작의 시동을 '부릉부릉' 걸어 준다. 그날 밤 한 줄의 노래가 되어 준 불안에게 감사를 전한다. 셋, 넷, 하고 시작된 노래가 어디로 갈지, 어디에 닿을지 모르지만 노래를 이어 가 볼게. 일단 밀린 잠부터 자고.

셋, 넷, 까무룩.

*첫 가사는 분위기에 맞게 수정했습니다.

유리로 만든 집

liner note
영원히 푸르를 청춘의 빛, 블루

track 7 >>
sns

유리르 만든 집

sns

우리는
서로의 두 번째 이름을 부르며
서로의 첫 번째 이름을 그리워,
그리워하네

같은 하늘 아래
우리 만난 적은 없어도
이토록 다정한 기분이 드는 건, 드는 건
영원을 믿기 때문이야

소식을 듣고
하루를 읽고
가까이 느끼고 있는데
내가 줄 수 있는 건

좋아요뿐

어쩌면 우린
유리로 만든 집에
스스로 갇혀
웃고
울고
애틋해 하는
두 번째
(부서질 것 같은)
이름들

-
2017. 7. 28. 숭문길

영원히 푸르를 청춘의 빛, 블루

우리는 모두 두 번째 이름을 가지고 있다. 두 번째 이름이란 로그인을 하기 위해 쓰는 이름, 아이디와 같은 소셜 네트워크 속의 이름 말이다. 요즘은 첫 번째 이름보다 두 번째 이름으로 불리는 날이 더 많다. sns에서는 누구보다 친밀하지만 첫 번째 이름을 모르는 이도 많으니까. 나의 인스타그램 계정의 아이디이자 두 번째 이름 foreveryoungforeverblue에 대해 이야기해 볼까.

실연에 힘겨워하던 어느 겨울, 비슷한 시기에 이별을 한 친구와 가고시마 여행을 계획했다. 실연을 안겨 준 서울을 떠나 어디로든 망명하고 싶었던 내게 가고시마는 여행의 목적지가 아니라 그저 여기에서 멀어지기 위한 방향의 이름일 뿐이었다. 오직 떠나는 것이 목적인 여행이 그렇게 시작되었다. 기다려도 오지 않을 연락에 몹시 쓸쓸해 할 것을 미리 예감한 미래의 지혜였을까. 12월 31일, 거리가 송년의 아쉬

움과 새해에 대한 기대로 한창 들떠있을 때, 나와 친구는 좁은 비행기 의자에 몸을 파묻고 흐린 눈으로 창밖을 바라보고 있었다. 서울 안녕. 사랑도 안녕.

도망치듯 떠나 당도한 가고시마의 작은 마을 기리시마는 생각보다 더 깊은 곳에 자리하고 있었다. 무슨 일이 일어나도 아무도 모를 것 같은 인적이 드문 산중, 돌아오지 않을 사랑을 자연스럽게 체념하기 좋은 곳이었다. 한눈에 봐도 유구한 역사를 자랑하고 있는 낡고 오래된 료칸에 도착한 우리는 다다미가 깔린 웃풍이 심한 방을 심란하게 둘러보았다. 그리고 간단히 온천에서 씻고 돌아와 시끌벅적한 연말 방송을 틀어 놓은 채 나란히 코타츠에 누워 서로를 위로할 새도, 새해를 축하할 새도 없이 잠이 들었다. 우리들의 꿈속으로 슬픈 외국어가 자장가처럼 울려 퍼지던 기리시마의 밤.

그리고 밝아 온 새해. 하지만 달라진 것 없는 마음을 다독이며, 료칸 사장님이 추천해 주신 기리시마 관광 코스인 이누카이 폭포로 출발했다. 밤에 도착해서 잘 보이지 않았던 거울 산속의 고즈넉한 풍경이 하나씩 눈에 들어왔다. 작은 강이 흐르는 주변으로 오래된 료칸이 드문드문 있는 동네였다. 알려주신 대로 걸어가니 빽빽하고 높은 나무들 사이로 좁은 숲길이 나 있었고 우리는 이끌리듯 숲으로 들어갔다. 숲길의 오른편으로는 냇물이 윤슬을 그리며 흐르고 있었고 우린 그 반짝임을 따라 한참을 걸었다. 새해 첫날 아침부터 낯선 나라, 낯선 장소에서 들어본 적도, 동경한 적도 없는 폭포를 찾아가는 숲길. 지도도 없고, 길을 물을 관광객도 없는 어두운 숲길을 끝없이 걸으며 나는 생각했다.

우리는 지금 어디로 가고 있을까
이미 오래전, 길을 잃은 것은 아닐까
사랑을 잃은 것처럼

얼마나 걸었을까. 한 걸음에는 의심, 한 걸음에는 질문을 담아 번갈아 내디디며 관성으로 나아가고 있는 그때, 어둡고 그늘진 숲에 불이 켜진 듯 햇살이 쏟아져 들어왔다. 고개를 들어보니 키 큰 나무들이 일제히 길을 비키고 그 자리에 하늘이 빼꼼히 그개를 내밀고 있었다. 이윽고 들려오는 사람들의 웅성거림, 그 속에 섞인 작은 물소리. 친구와 나는 그제야 서로를 마주 보고 안도의 웃음을 지었다. 그렇게 확신의 걸음으로 조금 걷다 보니 물소리가 점점 가까워졌다.

그리고 눈앞에 나타난 내 생에 단 한 번도 본 적이 없던 푸른빛. 살면서 이토록 푸른빛을 본 적이 있었던가 싶게 상상 속에만 존재할 것 같은 푸르름이 눈앞에 펼쳐졌다. 의심과 질문의 숲이 보물처럼 꽁꽁 숨겨 두었던 신비로운 색깔 앞에서 나는 한동안 입을 다물지 못했다. 폭포에서 떨어진 물이 고여 푸른빛을 내는 그 광경을 넋 놓고 바라보다 비로소 나는 지난 날을 잊을 수 있었다. 무엇으로도 벗겨지지 않던 굴레 같은 사랑도 이별도. 그리고 주변의 풍경까지 무채색으로 만드는 유일한 색인 이누카이 폭포의 푸름을 시간이 멈춘 듯, 오래 바라보았다.

방금 태어난 어리고 푸른빛,
하지만 이전에도 지금도 그리고 다음 세기에도

푸르게 빛나고 있을 청춘의 빛,
찰나이자 영원한 그 빛에 깃든 채,
살아 지길,
사라지길

영원이라 믿었던 사랑을 잃고, 다시 영원으로 새겨진 푸른빛을 품고 돌아왔다. 서울은 여전했지만 나는 이전과는 조금 달라져 있었다. 그때부터 나의 으뜸 색은 블루가 되었다. 내가 이토록 블루에 집착하게 된 것은 그날 이누카이 폭포에서 목격한 장면 때문이다. 영원은 찰나에 깃들어 있다고 알려준 푸른빛. 그렇게 나의 두 번째 이름, foreveryoungforeverblue가 만들어졌다.

뮤즈는 떠났고 그 자리에 푸름이 고였다.
사랑을 잃고 나는 푸르네,
영원히.

발등에 불

liner note
미루미의 푸가

track 8 >>
fire in the instep

발등에 불

fire in the instep

미루고 미루고 미뤘던 일
그날이, 그날이 다가온다
더는 물러날 곳이 없다
발등에 불 떨어졌다

해야 해, 해야 해, 해내야 해
디데이, 디데이 다가온다
더 이상 피할 곳이 없다
발등에 불 떨어졌다
발등에 불 떨어졌다

-

2024. 2.14. 연희토

미루미의 푸가

나는 프로 미루미다. 미루미. 영문으로 써 보니 'mirumi' 오, 발음하기도 편하고 귀여운 걸. 세 번째 이름으로 지어볼까. 지금부터 나는 프로 미루미로서 미루는 것에 의한, 미루는 것을 위한 미루는 것에 대한 나만의 고찰을 적어 볼까 한다.

예를 들어 설거지라고 하자. 라면을 끓인 냄비를 지체 없이 바로 설거지를 한다면 생각보다 빠르게 깨끗이 닦을 수 있다. 하지만 미뤄 둔 라면 냄비라면 사정은 달라진다. 음식의 찌꺼기와 함께 차갑게 식어버린 냄비를 깨끗이 닦으려면 2배 혹은 그 이상의 시간과 품이 들어간다. 그리고 설거지를 미룬 동안 집안에 풍기는 라면향 디퓨져는 덤으로 따라온다. 순간의 편의를 위해 간단히 미뤘을 뿐인데 미룬 일의 피로도는 결코 간단하지가 않다. 하나 더 예를 들어 메일의 답장이라고 하자. 간단히 대답만 보내면 되는 가벼운 답장을 왜 미루게 되었는지 구구절절, 미뤘기 때문에 더 잘 써 보내야 한다는 책임감까지 더해져 아주 무거운 답장이 될 가능성이 높다. 그래서 더 미루고 싶게 만드는 답장이 되고 만다. 그리고 무엇보다 미룬 일이 곤란한 이유 중 하나는 미루는 내내 마음속에서 '아, 메일 보내야 하는데' 하는 찜찜함이 떠나지 않는다는 것이다. 그것은 제때에 일을 하는 것만큼의 에너지를 쓰게 만든다는 점에서 마이너스 효율성을 갖는다.

이렇게 한 번 미룬 일은 미루기 전의 일과 다른 얼굴을 하고 나타난다. '너, 누구야?' 하고 물어도 모른 척 시치미를 뗀다. '너, 내가 며칠 전에 부엌에서 본 친구 같은데?' 하자 왼쪽 입꼬리를 쓱 올리며 '아니야, 그 친구는 벌써 떠났어' 하며 묘한 표정을 짓는다. 나는 의심쩍은 시선을 거두지 못하고 가까이 다가가 코를 킁킁거리며 냄새를 맡고 요리조리 찬찬히 살펴본다.

'그거참, 비슷한데 묘하게 다르네'

나는 잠시 할 말을 잃는다. 비슷한데 다른 것. 바로 이것이 가장 까다로운 지점이기 때문이다. 아예 모른다면 처음부터 하나씩 알아 가면 되는데, 조금 안다 싶으면 생기는 선입견 때문에 제대로 된 판단이 어려워진다. 생각해 보면 살면서 많은 시간을 허비한 부분이 엇비슷한 것을 고를 때였는데 반바지를 녹색으로 할 것인가, 파란색으로 할 것인가 같은 고민들이었다. 결국 둘 다 이뻐서 결정하지 못하고 장바구니 속에 둔 채로 여름을 나버린 적도 있다. 비슷한데 묘하게 다른 것, 언제나 그런 일이 선택의 난이도가 가장 높았고 그런 이유로 결국 끝까지 미뤄졌다. 처음부터 모르는 것보다 제대로 알기 위해 제곱의 시간이 드는 것의 몽타주는 대체로 이러했다.

'아니, 그걸 이렇게 잘 아는 사람이 또 미룬다고?'

어디선가 이런 환청이 들리는 듯하다. 하여 산뜻하게 살려면 산뜻하게 미루지 않아야 한다. 당장의 편의를 위해 게으름을 부렸든, 엇비슷해서 선택이 어렵든 간에 말이다. 아니면 미룰 수 있는 일을 아예 만들지 않는 것, 처음부터 계획을 세우지 않는 것도 하나의 방법이다. 그러면 미룬 일 때문에 찜찜하지 않아도 되니까. 하지만 사람은 계획하지 않고 살아갈 수 없으니 또 이런 반성문을 n년째 쓰고 있는 것이다. 결국 이 모든 것을 알고도 미룰 수밖에 없는 숙명의 프로 미루미로서 다다른 질문은 '혹시 나는 미루고 미뤘을 때, 마지막 오브 마지막, 발등에 불이 떨어졌을 때 나오는 도파민에 중독된 것이 아닐까' 하는 것이었다. 하지만 이 또한 미룬 일을 더 미루게 하는 자기 변명일 뿐, 고민은 마감만 늦출 뿐이다.

짧은 시간만을 들여서 집을 깨끗이 유지하는 친구를 만난 적이 있었다. 초대를 받아 놀러 간 친구 집에서 내가 목격한 것은 집안 구석구석 마치 새것처럼 반짝반짝 빛나는 공간과 물건들이었다. 같이 주방에 서서 '하이고, 어떻게 청소를 하면 이렇게 개수대 수전이 새것 처럼 빛날 수 있어?'라고 묻자 친구는 '짧은 시간을 내서 그때그때 바로 하는 것'이라고 답했다. 싱크대의 물때는 설거지하자마자 마른 수건으로 수

전부터 가장자리까지 한 번에 쓱. 그리고 욕실은 샤워를 마치자마자 스퀴즈로 쓱- 한 번 왔다 갔다 하면 끝. 참, 쉽지? 하며 싱긋 웃어 보였다. 모든 일을 미루지 않고 바로 하는 것. 그것이 반짝임의 비결이라고 했다. 하루 종일 청소에 붙들려 쓸고 닦은 것이 아니라 한 가지를 일을 마치고 난 다음 짧게 시간을 내서 뒷정리하는 것. 그것까지가 그 일의 과정인 것처럼. 꽤 그럴듯한 시간 관리로 보였다. 친구는 그렇게 짧은 시간을 투자해서 자신의 여유를 만들고 있었다. 반짝이는 살림은 그저 덤으로 주워 담고서.

모든 것을 알고도 행하지 않는 자, 아니 행하지 못하는 자, 차라리 몰랐다면 지금이 더 행복했을까. 그건 잘 모르겠다. 하지만 기억하라, 일의 과정에 뒷정리까지 포함시켜라. 그리고 비슷하지만 묘하게 다른 것을 경계하라. 그것으로 나만의 여유를 찾아라. 이런 자기 계발서 같은 깨달음이 밀려드는 밤이면 어디선가 '엣헴' 하고 목소리를 가다듬는 분이 계신다.

일이 어려우니까 우리가 감히 손을 못 대는 것이 아니다.
우리가 과감히 손을 대지 않으니까 일이 어려워지는 것이다.

쉬운 일이라도 어려운 일처럼 달려들어라
어려운 일이라드 쉬운 일처럼 달려들어라

by L.A.세네카

오늘도 이 말씀을 가슴에 새기며 프로 미루미의 하루를 마친다. (이 선생님도 프로 미루미셨을 가능성에 나의 라면 한 봉지를 건다.) 제발 내일은 안미루미로 깨어나게 해 주세요. 오, 안미루미 'anmirumi' 요것도 괜찮은 걸.

이

가만한

세계에

뺨을

대어본다

에필로그

일부러 검정을 만드는 일

작년 5월, 좋아하는 작가님과 서예를 할 기회가 있었다. 무려 첫 만남이었던 우리는 수줍어할 새도 없이 먹 냄새가 희미하게 밴 서예실로 들어가 나란히 앉았다. 우리 앞에 책상 위에는 화선지와 벼루와 먹, 붓들이 꽂혀 있는 붓 통이 반듯하게 늘여 있었다. 서예의 시작은 먹을 벼루에 가는 일부터. 선생님의 말씀에 따라 적당한 벼루를 고르고 손에 쥐기 좋은 먹을 골라 벼루에 난 홈으로 물을 쪼르르 따르고 먹을 갈기 시작했다. 가만히 먹을 갈며 특히 좋았던 것은 먹, 벼루, 먹물, 온통 검정인 벼루 안에서 언제쯤 쓸 만한 먹물이 되는지 알 수 없다는 점이었다. 완성이 눈에 보이지 않기 때문에 조바심도 느긋함도 없이 어느새 벼루 안에는 먹물 같은 평정심이 고여 들었다. '스윽 스윽' 저마다의 먹 가는 소리만이 우리의 존재를 일깨우던 시간.

옆에 놓인 화선지의 하양과 나란하기 위해 검정은 분투하고 있었다. 쓸 만한 먹의 농도에 이르기까지 서두르지 않고 충분한 시간을 들여 검정이 되어가는 것을 가만히 지켜보았다. 아직 어떤 문장도 어떤 그림도 되지 않은 검정을 만드는 일은 어딘지 모르게 평화롭고 결연한 마음이 드는 일이었다. 먹을 갈며, 모든 것이 느리고 편리와 편의와 거리가 멀었던 옛사람들의 시간을 엿보는 기분도 들었다. 모난 마음도 둥근 마음도 모두 차분하게 가라앉혀 주던 먹 가는 시간. 이대로 종일 먹을 갈 수도 있겠다 싶을 만큼 좋았던 고요함 속에서 원하는 문장을 고르고 그리고 싶은 그림을 상상해 보는 것, 일부러 검정을 만드는 일은 이런 시간까지가 포함된 일임을 명암으로 깨달았다. 무언가를 말할 때, 무언가를 쓸 때 검정이 만들어지던 시간을 기억하자고 그날 작은 다짐을 했다. 알맞은 농도에 이르기까지 멈추지 않고 고르고 고르기를.

그리고, 그렇게 만들어진 검정으로 여기에 선을 하나 긋는다. 어떤 선이 될지, 어떤 의미가 될지 아직은 잘 모르지만 어떤 모양이 되더라도 처음과 끝이 맞닿았으면 한다. 기록을 하는 일이 선을 그리는 일이라면 창작을 하는 일은 원을 그리는 일이라고 생각한다. 조금 삐뚤삐뚤하더라도 처음을 찾아가는 일이라고. 여기 네모난 종이 위에 처음과 끝이 맞닿는 이응 하나를 그려 본다. 이것이 동그라미를 그리려다 무심코 그린 음악, 네모를 그리려다 어느새 써 내려간 편지가 되기를. 작은 바람과 함께 이 가만한 세계에 뺨을 대어 본다. 다정한 세계에 깃들고 싶은 먹의 마음으로.

작년에 초판을 만들어 언리미티드에디션 행사에서 선보인 뒤, 개정판을 내기까지 여러 가지 일들이 있었다. 나라에도, 나 개인에게도. 모두의 회복을 기도하며 뒤가 아닌 앞으로 나아갈 일만 남았다고 믿고 싶다. 끝으로 책이 나오기까지 큰 용기와 행운이 되어 준 세미 씨에게 감사를 전하고, 이 송북을 '듣고-읽어' 주신 분들께 매일의 안녕과 매일의 다정함을 보낸다.

2025. 2
이아립

Little birds, sunshine, small things, breeze, pray for you, sunset, dear okinawa, star, poetic, snow, apple, blank, 🌳, pool, walking, coffee, record.

이응 품은 미음
전곡 듣기

credit

producer 이아립
composing & lyrics 이아립
arrange 이아립 (except track 6. 강건후
　　　　　　　except track 8. 한진영)

vocal 이아립
guitar 이아립 (except track 6. 강건후)
piano 이아립

recording 픽션들 @399 studio
mix & mastering 한진영 (except track 6. 조정치)

artwork 픽션들
review 이세미(재미공작소)

이응 품은 미음

ⓒ 이아립, 2025

개정판 1쇄 발행   2025년 2월 27일

지은이 이아립 | 편집 이세미(재미공작소), 이아립 | 디자인 이아립
펴낸곳 픽션들 | 펴낸이 이영주 | 전화 070-4647-2432 | 팩스 02-6305-0402 | 인스타그램
instagram.com/fictiondle | 전자우편 fictiondle@gmail.com | isbn 979-11-983307-2-7 03810

이 책의 판권은 지은이와 픽션들 출판사에 있습니다. 양측의 서면 동의 없는 무단 전재 및
복제를 금합니다.

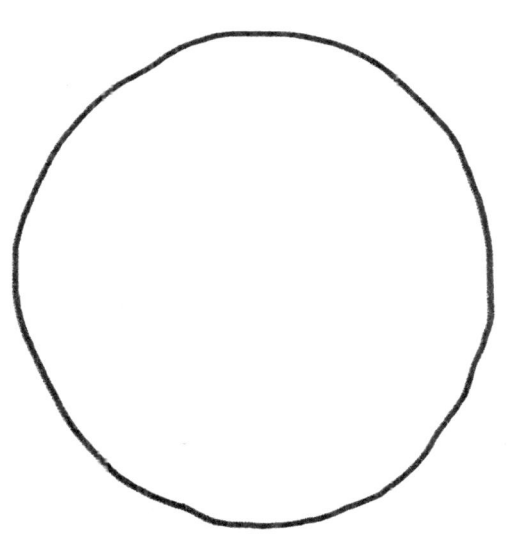

track list

1 small things

2 read it as love

3 scenes and scenery

4 circle in a square

5 dear okinawa

6 three, four,

7 sns

8 fire in the instep

ISBN 979-11-983307-2-7   03810

가격 16,000원